AF599721

El áspero dolor de la esperanza

Este libro ha sido impreso con papel 100% reciclado.

lasturaediciones.com / info@lasturaediciones.com

Colección Alcalima, n.º 246
Dirige la colección: Isabel Miguel

Editado en Madrid, España.

Primera edición: febrero, 2025

Depósito Legal: M-3113-2025
ISBN: 978-84-129488-6-8

Impreso en Antequera, Málaga (España)

Alberto García-Teresa

EL ÁSPERO DOLOR DE LA ESPERANZA

COLECCIÓN ALCALIMA DE POESÍA N.º 246

A Cris. Todo. Siempre.

Nosotros, que hemos vivido en lo alto de la cresta
de la gran ola de la posesión,
¿creíamos de verdad que nunca rompería
y que no acabaríamos ahogados?

(Ursula K. Le Guin)

Toma mi mano, compañero.
Tú sabes bien que el tiempo apremia.
Son otros días y otras luchas
las que ahora nos queman.
Toma mi mano. Vamos juntos
más allá de la niebla.
Si hemos perdido mucha vida,
es mucha aún la que nos queda.

(Angelina Gatell)

El sujeto de la esperanza es un nosotros.

(Byung-Chul Han)

Vivir en tiempos de colapso

Se nos agota el tiempo
y seguimos alejando el horizonte con aspavientos
burlones, destilando soberbia y estrabismo.

Se agota
y mantenemos ajetreadas las calculadoras
y dibujamos líneas que atraviesan las bocanadas
para apurar cualquier guijarro de luz
que aumente las cuentas de beneficios.

Sin tiempo,
y andamos buscando cómo reafirmarnos,
dónde hallar la piedrecita que termine
de encajar en el expositor de nuestra identidad,
ovillándonos en nosotras mismas.

No nos quedan apenas,
y sacudimos los días con alegría y desentendimiento,
adorando al lazo que nos desanuda del mundo,
compitiendo en una carrera de consumo
y distracciones para no sentir el amargor
del abismo, para no pronunciar
esas palabras que taladran los pulmones.

Se nos termina
y nos empeñamos en rapiñar las paredes

para levantar mejores espejos.
Y restringimos los abrazos
para desanudar las miradas
y techarnos con nuestras costillas.

Se acerca el final
y proseguimos engalanando nuestra tumba
con mercancías, aspiraciones y la
última brizna que ha crecido
en las orillas del presente.

Se acaba el tiempo,
no el de nuestros pasos individuales,
sino el del armazón de huesos, árboles y fluidos
donde nos desenvolvemos.

Lo sabemos. Lo reconocemos.
Tratamos de ignorarlo.

Entre estertores vivimos,
pero seguimos saltando en el sitio,
mordiendo con la mirada las nubes
y emborronando el volumen del suelo
que se resquebraja.

Vivimos en tiempos de colapso
como si fuéramos semillas ingenuas de primavera.

TANTO ENCAJAR el mundo entre nuestras manos
que, de estrujarlo, lo hemos fracturado.
Y queremos ahora soltarlo, haciéndonos las inocentes,
desprendiéndonos de las huellas,
sin prestar atención a dónde caerá
esa esfera aplastada,
qué arrasará en su caída,
quién podrá respirar en sus huecos.

No queremos ver que
nuestros dedos están fundidos en él.

Preferiríamos, a veces,
dar cuerpo al enemigo,
formarlo tal y como compactamos
la tierra húmeda en la playa
para tenerlo presente
e identificarlo, ahí, en esa cercana lejanía,
como la causa de este desastre.

Cuesta reconocer
que, en la arena, hemos levantado
tan sólo un espejo.

Deshojarnos de culpa
y recoger la responsabilidad
quizá sea un buen paso
para desimantar la quimera
y enjugarnos los ojos.

HASTA QUE NO asumamos que
miramos el futuro
escribiendo en el agua,
no podremos acoger la incertidumbre
con serenidad
y mirar al cataclismo con las manos
limpias para amasar esperanza
sin autoengaño; tibia
esperanza que no picotee entre los escombros
sino que anude las hebras
de las camillas para atender a los heridos.

¿Y SI SE nos desgarrase el grito?
¿Y si la boca enmudeciese,
cercada por la caries, por la niebla de abismo?

Ondean sus sonrisas los fascistas.
Estrechan sus manos, agujereadas
con alfileres, adorablemente llenas de úlceras.
Acarician los machetes,
siembran los muros
y espolvorean un presagio de cementerio.

Se estremecen las abejas
ante la borrasca de líneas verticales,
del ruido helado del cerrojo.
Y el viento, repleto de gargantas roídas
con los minutos astillados por
máquinas de oxígeno y medicamentos racionados,
agita el vientre de una sequía
que no llega a los pulmones.

Los transeúntes usan
sus dedos como llaves para pelar el trigo,
pero son jeringuillas de gusanos
que pudren los abriles.
Abren los ojos con fuerza,
ignoran el polvo de sus muelas,
entornan los omóplatos y peinan su sombra.

Esperanza, esperanza,
aún palpitas entre nuestras manos
porque no sabemos pronunciar las ataduras
de la palabra "resignación".
Porque el presente requiere de todo nuestro oxígeno.

Ay, cómo titubeas ante el vértigo,
con temblor de manantial intacto.
Pero, ¿acaso tenemos otra opción
que no sea hacer de ti nuestro aliento,
que no sea mantenerte
siempre delante de nuestros pasos?

CELEBRAR LA RENDIJA de la ventana
por donde penetran los dedos de la luna
no nos aparta de reconocer la densidad de la noche
ni el espesor lacerante de los muros;

nos orienta hacia dónde
poder descifrar la luz.

No nos emboza la cabeza bajo las sábanas
sino que agudiza
nuestros ojos
en la oscuridad.

Tardamos en aprender
que la vida no tiene prólogo,
que cada momento es el nudo de la trama,
que todos los personajes son protagonistas,
que el desenlace es un núcleo nuevamente
y que las páginas se escriben a cada instante.

Hemos tardado en comprenderlo.

Ahora tenemos que asumir
que estamos en el epílogo
de nuestra civilización.

¿CÓMO DENOMINAR a quienes trazan un sendero
que termina en el precipicio?
¿Cómo a quienes nos regalan el combustible
para el trayecto?
¿Cómo a los que lo jalean?

Y, ¿cómo llamarnos
a quienes lo recorremos?

DESNORTAR LA ESPERANZA.
Bajarla del cielo,
quitarle las alas de mariposa
y medirle el tamaño de los pies.
Alojarla entre la cuarta y la quinta costilla.
Desmaquillarla de prisa
y vestirla de urgencia.
Recordarle su corazón de manantial.

No tiene trasluz:
es pálpito
o simulacro.
Es necesidad de camino
o refugio de tumba.

Asumir su médula de invierno.
Abandonar su temblor de ingenuidad
y comprender que comienza
en la yema de nuestros dedos.

AVERGÜENZA RECONOCERSE sobre dos piernas
al contemplar las grietas en el cuerpo de la vida
que abrimos y ensanchamos a mordiscos,
la podredumbre que apelmazan nuestros deseos
sobre el oleaje del campo,
del resto de humanos, de los otros animales,
de los demás seres vivos.

Se acorchan los tuétanos de rabia e impotencia
al palpar nuestra sombra sobre sus cadáveres.
Pero también al seguir excavando en la ceniza
para pintar el cielo de estrellas.

Duele, y duele más el arrojo de la indiferencia.

Sin embargo, a un palmo,
podemos encontrar un hálito de sanación

cuando acariciamos tu pelaje,
cuando nos llenamos los ojos de bosque,
cuando nos salpica
el desnudo saludo del abrazo.

DADNOS LOS NOMBRES
de las presas,
de las desaparecidas,
de las torturadas,
de las colgadas de las alambradas,
de las reventadas contra los muros,
las caídas en la travesía de desiertos, mareas,
chabolas y correajes,
de las almacenadas en los criaderos,
de las del rostro lijado, las
sin lengua, las sin papeles,
sin apellidos, sin presentes, sin horizontes.

Dádnoslos
porque sobre ellos se levanta
esta cotidianeidad.

HAY QUIENES SE lavan la cara y se quedan con el
rostro en las manos.
Quienes tienen ojos en los pliegues de los dedos.
Otros, saben de la rugosidad
de sus mejillas por la longitud de sus lenguas.
Sin pupilas, es lo afilado de sus uñas
lo que les permite reconocer el entorno.

Contra su anatomía organizamos nuestros pulmones.

LA EQUILIBRISTA NO mira al vacío
de donde provienen los aplausos.
Sólo camina atentísima
al tacto del alambre.

El retumbar de la tormenta
nos despista de la caricia
del grano al germinar.

Su victoria

Sepultarnos en la tristeza de la docilidad,
en el vuelo de sabernos incapaces
de verter en los engranajes arena.
Apesadumbrarnos de rutinaria obediencia.
Construirnos callejones a pesar de encontrarnos
en medio de las plazas.
Colocar a los bosques, a los pájaros, a los mares
como enemigos.
Continuar amamantándonos con dominación
porque respiramos su tabla de nutrientes.
Espinarnos el tacto.
Embalsarnos la mirada.
Deshilachar el diálogo, practicar sangrías
en los nudos y en los abrazos.
Deglutir la mansedumbre y vivir la rabia
como un hipo que nos atraganta.
Conducir el horizonte de promesa electoral a
anuncio publicitario, de
remedio tecnológico a remanso místico.

Y, a pesar de todo, hacernos creer libres.

DESCOSERNOS LA DERROTA de los dedos
aunque el horizonte sea la asfixia.
Descosérnosla
para labrar el camino más curvo hasta ella,
para levantar
fuentes en el trayecto donde acompañar la sed,
para tejer un baile de brazos
que nos arrope y nos sostenga
cuando se agujeren los días,
cuando esta civilización perezca.

RESPIRAMOS, HOY, CON el lento sosiego de la despedida
bajo las lenguas, con los ojos secos,
vivaces a pesar de la niebla, de los cristales
de petróleo que se nos clavan en las suelas
de los días y los sueños.

Pero oímos el golpeo del rabo del perro contra el suelo,
pero sentimos la chispa de ira
que nunca descansa, como una embolia
de rebeldía agitando nuestras venas,

y nuestras manos encuentran el lenguaje
de la esperanza: ese trenzar de dedos
que no puede resignarse;
esa barbilla
que responde verticalmente a la rutina;
esos labios
que besan las heridas de los otros
porque saben que todas son suyas.

No descerroja el futuro,
no destapia el horizonte,
pero nos abre el presente.

Aspiramos a comprender
los pliegues de esta hecatombe
para poder acotar con tela de araña
el alcance de los pasos de la esperanza;
para caminar con ella
lejos del ensueño del autoengaño.

Y, sin embargo, seguimos tratando
de explicarnos el mundo
como quien intenta atrapar el chisporroteo del fósforo
que va a prender nuestro colchón de heno.

Ansiamos respuestas
cuando no sabemos ni formular la pregunta.

MIRA AL INSECTO que merodea
a tu alrededor. Tal vez
te moleste o te asuste
o te resulte insignificante.
Pregúntale por sus increíbles capacidades,
por qué está ahí, a quién ayuda,
y plantéate tu lugar en el mundo.

CONSTRUIR REFUGIOS ANTE el colapso
es abrocharse la capucha
en medio del diluvio.

DUELEN LOS OJOS de mirar hacia la luz,
pero no podemos permitirnos
continuar seducidos por los
juegos de la penumbra
ni guiarnos con fuegos artificiales.

Las retinas están extenuadas, hambrientas
de sosiego y dolorosa conciencia,
pero son las únicas manos con las que contamos
para romper la gelatina del autoengaño.

¿NECESITAMOS SALIVA PARA deglutir el colapso?
¿Acaso no hemos asumido todavía
que los clavos bajando por nuestra garganta
poco importan ante el desastre?

Huida

I

¿Quién puede permitirse el privilegio
del retiro, de la huida
cómoda, segura,
a un nuevo techo,
seco y fresco,
esponjado a las convicciones,
donde todas las contradicciones se deshacen
salvo la del más esencial individualismo?

II

Y si la huida está
en calzarse las botas,
pedirle al perro
que te acompañe hasta el campo
y caminar y caminar
y respirar la distancia,

¿por qué no sembrar un afuera
adentro?

¿Cómo revincularnos
con el caracol, el milano,

la acacia, el helecho,
con la desahuciada, la migrante

cuando tenemos los dedos atareados
atándonos los zapatos?

Hegemonía

I

Con las barbillas firmes y las pupilas desveladas,
marchamos contracorriente abriendo el crujido de los
helechos.
Saltamos entre los raíles.
Encendemos hogueras allí donde derrumbaron las plazas.

Entonces, llueve.

Llueve y creemos que las gotas se deslizan
sin penetrar en nuestra piel. Pero
hacen chapotear nuestros pasos.

Su discurso se nos vierte sin descanso desde las nubes
con la vaporosa contundencia de la luz.

Y nos encharca.
Empapa nuestra ropa,
hace prisma en los ojos,
cala nuestra lengua
y, sin darnos cuenta,
respiramos con su humedad
dentro de los pulmones.

¿Qué construirán entonces nuestros dedos?

II

Hablamos con las palabras que nos enseñaron nuestras
madres,
con aquellos nombres con los que nos tropezábamos al
gatear,
con los verbos que se caían de las bolsas agujeradas de
la compra.

Crecimos mientras resonaban en los patios
o absorbían y se inflaban de sudor.

Por encima de nuestras cabezas, sin embargo,
como el ruido perforador de los aviones,
rayando el cielo y enmarcando las nubes,
otros términos se nos precipitan.

Es otro lenguaje,
que posee la misma composición química,
y por eso lo asimilamos,
aunque tenga latidos muy distintos a los nuestros.

No lo forman los mismos filamentos
por tanta diferencia de altitud;
cuando puede ver, desde allá arriba,
las líneas de las fronteras,
cuando puede describir los océanos que contempla,
cuando nosotros somos meros puntos

aglomerados para una vista que cree
que se sostiene sola en el aire.

Pero, ¡cuántas veces seguimos su estela
y pretendemos hablar su idioma!

Teoría cultural

Queremos que el agua en que nos bañamos
no nos haga daño:
que esté tibia, sin
turbulencias que nos perturben
al terminar la jornada, cuando
regresamos a casa con las llagas del tiempo
en los pulmones y contracturas
en el cuello, ansiando su contacto.

La queremos dócil para que abanique
las ampollas antes de dormir.
Que nos masajee los párpados
para que ablande el nudo de órdenes de las muñecas.

El ocio como extensión de la mansedumbre.

Ética básica en tiempos de colapso

Contemplar la densidad del desierto,
la textura del huracán,
la acidez de los cementerios
y no mentir.

Reconocer la profundidad de nuestras uñas,
las espinas de nuestra sonrisa
y no mentirse.

Abrazar a las hijas, a las sobrinas, a las madres,
abrazarnos
y no mentirnos.

Silogismo democrático

Depositas tu voz en un voto.
Tu voto en una urna.
La urna está llena de votos.
Está llena de voces.
La voz vibraba en el aire.
La voz se trasladó a un papel.
El papel está en una urna
encerrado.
La urna está llena de votos,
                    de voces,
                    de papeles
encerrados y bajo supervisión policial.

Esa urna
es el símbolo por antonomasia de esta democracia.

Desde luego.

Extrema derecha

Paso a paso
(soltamos el mapa),

concesión tras concesión
(abandonamos la brújula),

indiferencia tras indiferencia
(nos desentendimos del camino),

comodidad tras comodidad
(nos mecieron los titulares),

nos vemos ahora
(perplejos pero orgullosos)

dentro del laberinto.

NO TUVIMOS COMPASIÓN los humanos
cuando esquilmábamos el planeta,
ni al aniquilar a plantas y animales,
ni al retorcer hasta la fractura
las condiciones ambientales en nuestro beneficio.

Y, ahora,
¿encuadramos las consecuencias
en la retórica de la guerra
y suplicamos una tregua?

¿Cuánto tardaremos en aprender
que nosotros nunca
podremos poner las reglas?

Geometrías

I

Brama tanto la borrasca que llega,
el crujido del hambre inminente,
el crepitar del Sol comprimiendo los pulmones,
nos golpea tan fuerte el indicio del vendaval,
que acaracolamos nuestro cuerpo
en busca de cobijo,
tratando de que no
nos perciba la catástrofe.

Algunos se pliegan envolviendo
el pedazo de tierra al que alcanza
su sombra. Otros,
en una soledad
tiznada de miedo o de arrogancia.

No nos percatamos de que las esferas
son las primeras en rodar por la pendiente.

Para frenar la caída
y recoger a quienes se precipitan,
al contrario:
necesitamos desplegar raíces.
Pero no entre los grumos del terreno,
sino alrededor;

en la cercanía eléctrica de presencias.
en una mutualidad de lazos.

Marañas que abrazan marañas
interminablemente.
Tejidos que se enredan en tejidos
abiertos a la constante suma.

Resistencia en común;
comunidad resiliente.

II

Con raíces entrelazadas
se levanta este bosque de resistencias.
Como una red de venas, hongos y paciencia,
esa malla de complicidades y solidaridad
se enfrenta al tornado y a la
verticalidad del precipicio,
a la voracidad de la codicia, al asedio
del egoísmo con un intercambio de nutrientes
a través de laberintos ocultos
a los catálogos de los taxonomistas.

Desde ahí se originan
posibilidades de vida, de salud, de utopía.
Ahí, en los minúsculos filamentos abrazados

que comparten la humedad y el nitrógeno
para vestir el mundo con clorofila.

Es resguardo y afirmación,
es espalda de barricada,
no corazón ensimismado,
es huerto aletargado que florece,
                                                            germina
                                                                          e irradia.

EN EL HUECO donde debería estar este árbol
resuenan los trinos de los gorriones
que en él se guarecían
o el suave cuenco de sus crías
entreviendo la primavera desde las ramas
ya ausentes.
Se percibe aún la lenta cascada de polen
serpenteando entre la soga de la polución.
Marca el suelo todavía su sombra
que ilumina estos cuadernos
o esas conversaciones cómplices
donde amistad, comunidad o amor se nutrían.
Permanece la policromía de su copa,
esplendorosa ante los edificios y el ajetreo,
acampanando las horas.
Pequeña ventana de vida,
rugosa red de relaciones
(insectos, arácnidos, musgos)
inconsciente de su aventura frente a los adoquines
ya hoy derrotada.

Con su ausencia,
inhalamos la soberbia del capitalismo.

SÓLO UN LUGAR
en donde pueda escucharse a los pájaros
debería considerarse habitable.

DESLUMBRADOS POR LA intermitencia ansiosa de las
pantallas
y el latido acoplado a la cuenta de resultados,
hemos olvidado el cálido vértigo
de contemplar con asombro tímido
el laberinto de la corteza de los árboles,
las galerías luminosas de las flores,
la iridiscencia del cuerpo de los insectos,
el universo del plumaje de las aves;
toda esa paciente maravilla
que comienza en aquel sendero.

ENTRE LA CELEBRACIÓN y la despedida
transcurren nuestros días,
en esa tensión entre el impulso
y el recogimiento, entre el
bullicio y el balance.

Qué difícil equilibrio
no dejarse arrastrar por una
sin levantar los ojos de la otra.

¿QUÉ TE LLEVARÍAS al día siguiente del cataclismo?

Quizá necesitarías desprenderte de todo
lo que no abrigue los afectos
ni lo que no desborde la imaginación.

Tal vez sólo lo que puede ser acariciado
o cabe dentro de los movimientos
de las cuerdas vocales.

Adiós al entramado de aspiraciones
de catálogo, adiós
a los bolsillos repletos
de agujeros, adiós
a las llaves, a los espejos,
al humo de las estanterías.

¿Y si ese largo día ya hubiese comenzado?

La palabra “nosotros”
puede contener muchas alambradas,
cercos
que se abisman, sellos
que taponan las venas,

pero también múltiples puertas
abiertas, horizontes
que se desdoblan con el oleaje, hogazas
que se comparten, lechos
donde dormir
juntos.

La red que nos sostendrá
será de manos, no de espino.

El entramado que nos cobijará
será de compasión, de empatía,
no de pasaportes.

Llega el incendio.
Llega el momento
de acompañarnos en la caída
y levantar la casa común de la esperanza;
de instalarnos en el abrazo.

NO HABLAMOS AHORA
de rascar la superficie de la realidad.

Hablamos de excavar entre los escombros.

SIN ESTRIDENCIAS,
la verdadera sabia
habla con voz de brizna,
a paso de estalagmita,
con la paciencia de la hortelana,
a través de la sonrisa del amanecer
y la caricia de quien se desprende,
como el otoño, de la relevancia.

Si nos ensanchan la jaula
y podemos volar dentro,
correr hasta difuminar los barrotes,
almacenar fronteras en ella
e incluso olvidar el idioma de las llaves,
¿somos libres?

Desbaratar categorías
para derribar muros,
para ampliar la mirada hacia el horizonte
y que alcance la luz a todos los recovecos.

Pero, ¿sabemos caminar sin mapas?

SI LA FUNCIÓN de la poesía es
encontrar la palabra precisa,
darle peso
para impedir que olvidemos
la realidad que nombra,

entonces:

desahucio,
feminicidio,
situación de calle,
trata de personas,
FIES.

Árbol

¿Cuánto tiempo ha pasado ante ti?
¿Cuánta sombra has ido regalando?
¿Cuánto cobijo en cuántas primaveras?
¿Cuánto oxígeno a cuántas generaciones?

¿Nos sobrevivirás?
Tras haber superado nuestra codicia,
¿soportarás la sequía, el calor extremo,
las inundaciones, los vendavales
que hemos desencadenado?

¿Podrás seguir hablando
entre nuestro océano de cadáveres?

TIENES EL PESO de la tragedia sobre los párpados
y las cicatrices de la dentadura del Poder en los
pulmones.
La memoria es un caparazón de resistencias
vencidas, de claudicaciones con la barbilla alzada.

Nadie creería que pudiera ser ejemplo
esa pequeña tabla que no cede al oleaje,
que pudiera inspirar
aliento mientras se cierne la asfixia.

Pero, con tu letra pequeña,
las manos carcomidas por
el sufrimiento y los labios húmedos
de mañanas, manifiestas el reguero
tenaz que se arropa con la muerte
y comparte el pan con ella
mientras labras cada amanecer.

Es el opaco arco iris
de las ranuras de los adoquines.

CUANDO DESTRUIMOS UN ecosistema,
¿no deberíamos sentir
el síndrome del miembro fantasma?

Quizá la mejor manera
de vernos reflejados no sea
mirarnos en un espejo sino
en la hoja de un árbol,
en los ojos de los animales,
en las manos
de quienes nos rodean.

Lección del microscopio

Todo está compuesto
de elementos más pequeños unidos.

Y más pequeños,
                    y más unidos.

Somos conjunto.

Tu risa

Tu risa te sana,
te enciende las pupilas
y las imanta de nuevo con las estrellas.
Escala como una algarabía de potrillos,
como las olas que alargan sus manos
pintando sus anhelos sobre los acantilados.

Esas carcajadas resplandecen de savia.
Ascienden por tus brazos,
los llenan de hiedra,
hinchan de amapolas tu pecho,
le dan altura de nube, rumor de aurora,
y levantan el peso de tus dedos
hasta que bailan de nuevo la música de las luciérnagas.

Te despliegan la imaginación y esa mirada
que abraza con generosidad los días,
con la que pronuncias y compartes
el verdadero sentido de vivir:
este presente de amor y oxígeno
que pone a caminar a la esperanza.

Tu risa;
una risa
que acoge y acompaña,
que es hogar, lana y viento,

y que abre primaveras
entre la sequía del deshielo.
Que brinca contracorriente sobre la rutina
y despereza maravillada la luz contenida en el rocío.

Tu risa,
que es tan tuya como tu nombre,
como esos tonos de ilusión, ternura y
magia de tus mejillas.
Que es nuestro pulmón y nuestro paso,
y que convierte el horizonte
en esta caricia que nos rodea;
en esta plenitud de alegría, intensidad y sueños
que sigue coloreando la existencia.

Hay un reguero abatido de horas
que se extiende desde la sombra de las oficinas.
Su silueta inscribe en el suelo un recordatorio de
horario.
El reflejo de sus ventanas,
de esas largas hileras de cristales que se amurallan
contra el viento y aíslan el edificio del ronroneo de la luz,
hacen de espejo interminable con las ventanas de los otros
edificios idénticos, repetidos vertiginosamente
como el mismo cliqueo de fatiga y angustia
que rebota entre las paredes pulidas
que no pueden lijar ni la lluvia ni la polución.

Desde el suelo,
el pequeño matojo de hierbajos
que ha brotado en aquel agujero de tierra
se balancea arañando las tiras de sol
que esquivan las inercias.
Indiferente a la demoledora presencia de los edificios,
continúa ejerciendo paciente su desperezar de oxígeno.

Alabada sea tu belleza antiproductiva.

Comunidad

Una persona que recolecta monedas
para la caja de resistencia durante la huelga.

La que hace turno de limpieza
en el centro social okupado.

Esa que atranca con su cuerpo la puerta
la mañana de tu desahucio.

Aquella que te abraza
cuando acaban de comunicarte el despido.

La que te acompaña y te traduce
al acudir al médico.

Otra que organiza los alimentos
para el reparto solidario entre el vecindario.

Esa que te escucha
mientras te enmudece la angustia.

Una que firma las autoinculpaciones
por las detenciones de ayer.

Quien te presta su cama
cuando huyes de la violencia de tu marido.

Aquella que te cocina
mientras tu pierna se recupera.

Otra que prepara la pancarta
para la manifestación por la sanidad pública.

La que cuida a tu perro
cuando te toca doblar turno en la oficina.

Esa que engarza los codos
para proteger el derecho a la protesta.

Esta que acompasa
su corazón con nosotras.

CON QUÉ FACILIDAD se deshace la esperanza.

Basta caminar y tropezarse
con el chasquido de la rótula
que mira temerosa otra semana de polvo
y precariedad salada.

O que el murmullo del transporte público,
al iniciar la jornada, ventee las conclusiones
del último recorte salarial,
que nos alcance el humo del deshielo
o el grito ingenuo del último ejemplar de otra especie
animal que se pierde
en los listados de márgenes de beneficios en la Bolsa.

Qué sencillo, verdad,

pero qué importante
seguir acuencando las manos
para proteger el silbido de su llama.

ACOSTUMBRADOS A LA gula,
¿qué ardor nos recorrerá,
no ya ante el hambre,
sino ante la mera restricción?

Creemos haber domado los límites,
curtiéndolos hasta hacerlos flexibles
en torno a nuestros deseos,
pero únicamente hemos desoído
los principios del esguince.

En mitad de ese desgarro,
tendremos que aprender a volver a andar.

UN DÍA, QUISIERON meter a la esperanza en un frasco. No cabía en él y lo reventó.

Desde antaño, la han querido embutir en cruces, triángulos, semicírculos y tótems. Termina huyendo en todos los casos.

La emplumaron y la lanzaron al aire para que horadase el cielo. La cubrieron de salitre y la arrojaron al mar para que abriese el océano. Se les perdió entre los vientos. La esperanza estaba más interesada en buscarles las esquinas a las nubes, en acariciar la incandescencia de las olas.

Algunos se visten con ella. Se la colocan de corbata o de micrófono. Logran imitar su aroma y se rodean con él para atraernos.

En ocasiones, le dan forma de anillo o de cama compartida. La decoran y la cuelan en las historias con las que crecemos, en las pizarras ya transformadas en escaparates, en los envoltorios en los que nos convierten la vida.

Existen expertos trileros que hacen malabares con ella. Se la van pasando de mano en mano, la esconden, la muestran, la vuelven a hacer desaparecer. Y nos roban la cartera mientras tratamos de seguirle la pista.

La han colocado astutamente al final de la cadena donde tenemos atados los estómagos. Así, vamos recogiendo lastre hasta alcanzarla. Pero, sin saberlo, hacemos de dinamo para su plusvalía.

A veces, se la tira para que caiga en el patio de otros, pues hay quien pretende alinearla en un listado y siente pereza al coger entre sus dedos el lápiz de sus días.

Pero a la esperanza se la debe mirar sin miedo.

La esperanza siempre se rebela, nunca se atrapa.

Porque la esperanza se nutre de los sueños
y nadie ha conseguido aún encuadrarlos.

EL PERRO QUE vive con nosotras
sabe del presente porque le apremia el entusiasmo,
el hambre o la curiosidad.
Duerme despreocupado porque anida en los afectos.
Encuentra el brillo de todo instante pues reconoce
el olor de cada momento
y entiende que el rastro de los días
es una sucesión de presencias.

No juzga, vive.

Claro que camina con un pelaje de traumas y miedos
que le hemos depositado los humanos,
pero lo hace sin seguir el ajedrezado de las calles,
sin respetar la dictadura del asfalto
ni la escuadra de los relojes.
Las expectativas se amoldan a la distancia de sus patas
y le basta el calor de la manada,
el murmullo de los arbustos
y la caricia perezosa del Sol
para habitar la felicidad.

Te admiramos, compañero.
Ojalá podamos alcanzar tu sencilla sabiduría.

UNA VEZ QUE hemos asumido
la gran derrota
(no aquella que nos aboca sólo al genocidio
sino en la que se precipita la Sexta Gran Extinción),
quizá empecemos a construir
resistencias sin el tuétano de plomo
de las grandes palabras.

Desescalando nuestras aspiraciones
tal vez lleguemos finalmente más lejos.
No en cuanto a trayectoria
(pues concluirá también en el abismo)
sino en densidad de los lazos,
en hondura de grieta,
en algarabía de oxígeno,
en rugosidad del círculo
donde las rodillas se balancean.

Dejando de observar el cielo,
puede que atendamos mejor la enfermería.
Porque no miraremos el horizonte
sino que lo estaremos amasando
con la constante huella de nuestros días.

SI ALGÚN DÍA cierras los ojos
y no los vuelves a abrir
porque no puedes seguir pagando el seguro médico,
porque se ha helado el campo de refugiados,
porque la comida no alcanza
y no consigues vender más tu cuerpo
a los que blanden los cuchillos,
o porque el calor te ha abrasado
y no había agua o no tenías más pies
para seguir andando,
porque de noche te queman el techo,
ahí, tan cerca del río donde vives,
pues no quieren seguir tolerando el color
de tus ojos

entonces

recordarás los abrazos que se fueron debilitando,
cómo las planicies se convirtieron en muros
y nos vestimos de miedo en vez de hidratar la
    solidaridad,
o la mirada compasiva que se encerró en los bolsillos,
la asamblea que se desdibujó en ensimismamiento,
la cosecha y el reparto en rapiña.
Te acordarás de cómo cruzabas los dedos
cuando empezaste a renunciar,
de cómo agachabas la frente cuando
se estrechaban las paredes,
de cómo te desentendiste de aquellas manos

que se abrían para levantar aún débiles
un plural no excluyente.

Recuérdalo.
No lo olvides.

TE ALCANZA UN abrazo de serenidad
cuando acaricias el lomo de otro animal.
Es palpar la extensión de la vida,
constatar la cadencia distinta de otros latidos,
una respiración a la que no puedes acompasarte
pero que te hermana con lo vivo,
con no saberse único ni extraordinario,
sino un pedacito más
de las gotas que tejen el universo.

CAMINAMOS DE la mano
no como refugio
ni hálito de caracola,
sino para ser cuatro piernas
en el trayecto, dos pulmones
compartiendo el oxígeno, dos
sonrisas que expanden
las ventanas que abre cada ilusión.

Porque juntas somos bosque
que amplía la sombra trenzando
sus ramas. Porque así
formamos sinfonía de bondad.

De la mano, desciframos
coordenadas, desnublamos
el sentido de utopía de esta ruta,
impulsamos su murmullo
de otro ritmo, cercano a las mareas,
con respiración cómplice
y latido de sueño.

Paseamos
como se desliza la fresca suavidad del arroyo
generoso por la montaña,
con la inquieta paciencia
de bruñir cada momento,
de enmarcarlo en la extraordinaria
cotidianeidad, besando

parpadeo y maravilla,
limpiándonos las caídas,
contemplando las estrellas
sin llevar la cuenta.

Juntas
para atravesar la niebla,
para celebrar la mañana,
para descubrir el corazón de luz
que palpita en cada día.

Cuánta constatación
de presente en estas manos.
Cuánto amor
en este seguir viviéndolo
y ofreciéndolo a cada paso
caminando entrelazadas.

La esperanza es
esa brazada que nos impulsa
hacia la superficie del mar cuando nos hundimos.

A veces,
nos gustaría tenerla ahí,
como una luciérnaga traviesa
que nos orientase,

o pensar en ella como un ancla
o un refugio acogedor.

Pero es látigo,
relámpago,
respingo;

un ímpetu de respiración insumisa bajo el agua.

NO ENTENDISTE NADA cuando bajaste
a parlamentar con nosotros
alarmado por la altura del fuego.

No queremos tu mesa
ni tu sillón.
Ni siquiera tu edificio.

Hemos venido a atravesarlo
para poder aspirar
a contar un futuro.

CUANDO EL DESEO se enrosca sobre sí mismo
y se besa su propia nuca,
¿no acaba convirtiéndose en una espiral
amarrada a sus zapatos?
Se acrecienta en torbellino,
lleno de potencia y vértigo,
exultante en la solidez de sus giros,
deslumbrante en el pulimento de sus surcos,
pero que repele todo cuanto se le acerca.

¿Acaso no es ese
el sueño del liberalismo?
¿Acaso no es esa
nuestra pesadilla?

MERODEAN POR LOS saltos del corazón
expertos fontaneros,
barnizadores de jaulas,
que saben cómo reconducirnos la cólera.

Ellos diseñaron los mapas
que la desembocan en quien respira
dos centímetros más abajo,
en quien se apretuja con nosotros
en la estrechez del camino,
en el que se queda fuera
de las líneas que ya antes edificaron.

La llevan por tubos luminosos
que evitan las curvas y las encrucijadas.
La bombean para que parezca que deja atrás
el horario, el hueco del colchón y el ruido de la despensa.

Pero sabemos bien del embrujo venenoso de su
abecedario
y nos sigue provocando llagas pronunciarlo.

Esta furia, que boquea
desde el desconcierto y el miedo,
aguijoneada por la frustración
pero también por el amor.

Esta ira, que tiene médula
indomable porque de las ampollas
y de las sonrisas raídas parte.

Esta rabia, que puede
agujerear sus conductos,
disolver sus atlas.

Esta,
con la que lograremos
quemar las cuerdas
que nos apresan los sueños,
que nos enguantan las manos,
que nos dirigen los ojos
lejos del abrazo.

Recorrer un camino ajeno a los cuchillos

¡Cuánto cambiaría el mundo
si cada una escogiéramos evitar
un pedacito de muerte de nuestros dedos,
de nuestros estómagos, de nuestras almohadas!

Dos manos

Con dos manos podemos alimentar,
acunar, sostener, curar,
alumbrar refugio, ofrecer el baile de las caricias,
desanudar las hebras de daño o de soberbia
que se han trenzado en el pelaje.

Pero hay quienes eligen con las manos
sostener una escopeta
y echar cerrojos
y colocar una horca alrededor del cuello.

Ellos levantan con carcasas de huesos,
redes de osamentas y pellejos tiznados de carcajadas
una escalera para situarse por encima
del resto de animales.
Se encaraman allí
para que les ilumine
la respiración de las detonaciones,
el sanguinolento
humo de la arrogancia.

Sus dos manos
son dos nudos herrumbrosos de odio,
dos gargantas asfaltadas y mudas.

No es el escozor de los estómagos
ni la aspereza de los paladares, lo sabemos,

lo que acciona sus gatillos,
sino la ostentación de la crueldad,
la exhibición de poder de saberse asesinos;
aquellos que necesitan ostentar el control
de la línea de la vida de los otros
para encontrar su hueco en este escaparate de
cadáveres
que trata de marcarnos los días.

Tienen esquirlas de odio en los pulmones.
Por eso rasgan el aire y parten
el oxígeno cuando silban,
cuando se jactan de su puntería,
de su vestido de pólvora,
del frío que dejan tras sus pasos en los matorrales.

Por eso, con nuestras dos manos,
desenrollamos esta pancarta,
pintamos esta consigna,
entrelazamos los dedos
con la empatía y el amor,
y gritamos:

¡No a la caza!

(Poema escrito y recitado para las manifestaciones estatales de la Plataforma No a la Caza del 2 de febrero de 2025).

RECOMPONER
lo que una vez estuvo unido;
ese abrazo
ensartado hoy por un alfileteo de grietas,
ese abrazo entre nosotras,
aquel con el entorno,
el que nos funde con el oxígeno
y las acacias y las liebres,
ese abrazo, ahora estrangulado por fronteras
y soberbia, que construye
una geometría donde nadie
puede quedarse atrás.

Recomponerlo,
no como meta
sino como única posibilidad de existencia.

Preguntas esenciales en tiempos de colapso

No dónde brota el agua,
sino dónde se la esconde,
dónde se la envasa,
dónde se factura.

No cuánto germina,
sino quiénes lo fumigan,
quiénes lo vallan,
quiénes lo comen.

No cómo protegernos,
sino cómo compartir,
cómo cuidar,
cómo amar.

NO.
No no somos nada.
Sí
somos algo.

Somos recuerdos,
palabras, ideas, sueños,
esperanzas que se despliegan
como las alas de los mirlos.

Somos senderos que crecieron,
manantiales que brotaron,
puertas a horizontes que prosiguen
orientando proyectos.
Somos la melodía que acompaña en el camino,
ese rumor de olas
que nos mueve los dedos.

Somos hilo que une desprendiéndose,
huella de caricias,
peso cálido de párpados cómplices.

Somos susurros que continúan resonando en los
pulmones.
Somos bailes que siguen girando en las muñecas.

Afirmación de presentes
y mundos. Cabezas de estelas.

Somos el oxígeno que hemos insuflado a la vida.
Somos las cicatrices de lo que ayudamos a sanar,
la erosión del daño que ablandamos,
la humedad persistente de los árboles
que fuimos regando a nuestro paso.

Sí,
sí somos algo.
Somos la bondad que dejamos edificada.
Somos el amor que hicimos posible;
esa capa de rocío que abraza
nuestra respiración cada día.

El gran cataclismo
¿nos impulsará en el salto de conciencia solidaria
o nos hundirá aún más
en la pendiente de la depredación?

Ese pajarillo que recoge
hojas, palitos, mechones
debería ser imán para nuestra esperanza:

saber construir con los despojos,
continuar trabajando por la vida
sin cesar ante la ventisca.

HAY QUIEN CREE que un abrazo te encierra,
que te apropia
de tu amiga, de un compañero.
Que es una ostentación de territorio
o de un lazo,
un intento de acaparar la carne,
de incautar el calor,
cuando, en verdad,
lo que hace
es despegarte el esternón de las costillas
y abrirte el cuerpo al viento que liga
todos los latidos del universo.

Relocalizar

En cuidar lo pequeño
puede que esté
la grandeza del mundo.

Y SI LO que quedará es el silencio,
¿qué sentido tienen hoy nuestras palabras?

¿SABES? TENEMOS
un peso escondido en los brazos,
raíces enhebradas en sus tendones,
cristales de linaje de trigo y madrugadas.
Su carga nos estira las clavículas
y nos enrojece el cuello.
Nos coloca entre los párpados, los pies y las ampollas
de las venas su aspiración de primavera.

Ese peso se traslada a los muñones de la esperanza:
los hidrata, los baña de posibilidades.
Les ventea las adherencias, el esbozo
de rabia estancada en las claudicaciones
y despliega sus manos de almendro hacia el presente.

Ese peso es el sol
que oxigena nuestro horizonte.

NO RENUNCIAMOS AL entusiasmo.

Aunque estemos deletreando auxilio
entre los árboles que se caen,
cargando las mochilas vacías de futuro,
continuamos apelando al chisporroteo
que nos levanta los músculos y la sonrisa.

Sabemos que ya no se trata
de sobrevivir,
sino de morir sin llevarnos
la dignidad ni la vida de nadie;
de intentar salvar,
quizá únicamente en el cuenco de las manos,
todo lo posible.

Pero sigue teniendo sentido
este impulso de hiedra
que abraza las rocas,
que serpentea entre las grietas,
que se alboroza cuando logra palpar el sol.

Como quien ofrece sus labios en el incendio
y rastrea las gotas suspendidas de las hojas de los pinos,
nos agita un ímpetu que desanuda
la inmovilidad de la tragedia.

Su cerco precisamente lo acrecienta.

Llámalo estertor, llámalo locura,
pero lo cierto es que rebañaremos
el brillo de los días
ensanchando el hueco de la vida.

En los despachos,
prosiguen planificando los giros del planeta
como si no se estuviera desgarrando el cielo,
enardecidos por los flujos de la contabilidad.

Pero aquí,
atendiendo a los últimos frutos del huerto,
al punto de ebullición del puchero,
contemplando el baile de las aves,
abrigados con el ronroneo de los gatos
y tu sonrisa,
se reordena el mundo
alrededor del oxígeno y los cuidados.

UNA VEZ QUE ha reventado la presa
y el torrente abrumador comienza a arrasar todo,
tras asumir impotentes que no alcanzamos
a tapar los inconmensurables agujeros,
con toda la fuerza del caudal desbocado
contra nuestros cuerpos y
las cabezas ensordecidas por el estruendo,
sería sencillo dejarse llevar por el aluvión imparable.

Pero aquí permanecemos,
tratando de hacer pie,
aferrados al tronco de la justicia y del amor
para continuar
manteniéndonos
contracorriente.

A PESAR DE tener la lengua
cariada de pesadillas,
las manos hastiadas de llagas
y los pies tropezando consigo mismos,
aun con el ardor de la cojera,
tras haber limpiado de autoengaño los ojos
y acortinado la lluvia del camino
con huecos de utopía

avanzamos
con la esperanza
agujereando el presente.

EL ABRAZO CON EL CUAL CAMINAMOS. AGRADECIMIENTOS

A Quique Falcón, que me calibraste la mirada y que deshiciste el nudo que apresaba mis dedos conversando sobre militancia, prácticas colectivas, poesía, colapso y pandemia en un largo paseo por los barrios de Valencia mientras acontecía el Vociferio 2024, y conseguiste con su resonancia que se desencadenara este poemario.

A Mariángeles Maeso, compañera, camarada y madre en tanto, porque, además, sigue percutiendo en mi cabeza aquella pregunta que le desplegaste a Jorge Riechmann en las charlas de los descansos de la Universidad de Verano de Izquierda Anticapitalista, en agosto de 2013: "¿Cómo puedo mirar a los ojos a mi nieta y decirle que no hay esperanza?".

Al propio Jorge Riechmann, porque me ayudas a tratar de entender desde hace décadas con lucidez, inquietud y emoción, y porque a través de tu formulación de una "esperanza contrafáctica" puedo abrir las manos sin cerrar los ojos en este tiempo.

A Lidia López Miguel y Ana Orantes, que habéis dado el calor y la confianza necesaria para que este bosque crezca sin miedo a la sequía.

Y, por supuesto, a Cris, que caminas a mi lado compartiendo alegrías, sueños, dificultades, golpes y esperanzas con tanta generosidad, ternura y bondad.

ÍNDICE

Esta primera edición de *El áspero dolor de la esperanza*
de Alberto García-Teresa terminó de imprimirse en
Antequera (Málaga) el 21 de febrero de 2025,
fecha en la que se conmemora el
nacimiento de Anaïs Nin.